A

MES ENFANTS

Quelque chose d'une vie

que je leur donnerai jusqu'à la

dernière heure

A

MES ENFANTS

Quelque chose d'une vie

que je leur donnerai jusqu'à la

dernière heure

SERVICES DE M. DESCOMBES,

DANS L'ADMINISTRATION COLONIALE ET EN FRANCE.

QUELQUES FAITS DE SA VIE, DIVERSES PIÈCES.

M. Descombes a été nommé, le 20 octobre 1818, receveur principal des contributions directes de la colonie de Bourbon.

Il habitait le palais du gouvernement, partageait l'existence du gouverneur, était chargé de sa correspondance particulière.

Le 11 octobre 1820, il quittait avec le gouverneur le chef-lieu de la colonie, il l'accompagnait dans un voyage entrepris dans des circonstances graves, dans un cas de disette, de tranquillité publique menacée; mais le gouverneur est gravement malade en route, forcé de s'arrêter; et c'est à M. Descombes qu'il confie la délicate mission qu'il allait remplir lui-même.

L'acte authentique de ce fait, et du témoignage honorable qu'a recueilli M. Descombes à la suite de sa mission, se trouve joint sous la lettre A.

Le 14 mai 1824, M. Descombes est nommé inspecteur de l'enregistrement, des domaines et des contributions directes.

La même ordonnance l'autorise à continuer d'exercer les fonctions de receveur municipal du chef-lieu de la colonie.

Le 25 mai 1824, M. Descombes est nommé inspecteur de la commune générale.

Le 17 octobre 1824, il est envoyé en tournée dans les communes de la colonie, avec mission d'une inspection de la comptabilité des receveurs municipaux (fonctions en dehors de ses attributions ordinaires).

Le 18 octobre 1824, un ordre du gouverneur lui confie l'inspection des alambics en activité chez les guildiviers (service extraordinaire, en dehors de ses attributions).

Le 19 octobre, il reçoit l'ordre d'une inspection générale de tous les services financiers.

Tous les actes authentiques à l'appui de ce qui vient d'être indiqué sont ici joints sous les lettres B, C, D, E et F.

M. Descombes a été investi de ces fonctions jusqu'en 1826, le 21 août, jour de la remise de ses services. Pièces G et H.

M. Descombes remet alors ses services à un *vérificateur ambulant*, titulaire de fonctions nouvelles que M. le commandant pour le roi crut devoir substituer, *contrairement aux prescriptions formelles du ministre dans sa dépêche du 30 avril 1825, n° 106*, à celles d'inspecteur que remplissait M. Descombes depuis plus de deux ans !

M. Descombes refusa de subir cet acte arbitraire ; il protesta contre ce qu'on ne craignait pas de faire de contraire aux intentions précises du ministre ; il réclama auprès du ministre contre le préjudice qu'on lui causait (Pièces sous la lettre I, dépêche du directeur des colonies, du 26 août 1826, n° 865).

M. Descombes obtint justice ; les fonctions supérieures de directeur de l'enregistrement et des domaines à Cayenne lui furent offertes par son ancien protecteur, l'ex-gouverneur de l'île Bourbon, gouverneur alors de la Guyane française.

Mais M. Descombes venait de perdre son épouse, il avait auprès de lui trois enfants dont l'aîné n'avait que trois ans ; et le lieu éloigné et le climat furent en grande partie la cause de la résolution qu'il prit de rester à l'île Maurice, dans sa famille.

M. Descombes put être encore utile à la France sur cette terre devenue anglaise depuis 1810 ; la pièce jointe sous la lettre J justifie de son dévouement à la cause de ses nationaux, et de la protection dont il les abritait tous les jours.

Cette lettre lui a été remise par Son Eminence le cardinal Donnet, archevêque de Bordeaux ; c'est à lui qu'elle avait été écrite ; M. Descombes était alors maire dans l'arrondissement de Bordeaux (Gironde). Et M. Descombes a dans les mains d'autres témoignages reçus de S. E. le cardinal Donnet lui-même pour des actes que M. Descombes se dispensera de rappeler et dont le souvenir vivra après lui.

———

M. Descombes a quitté l'île Maurice en 1842 pour se fixer en France; il était, avant d'y arriver, propriétaire d'un bien rural dans la Gironde; c'est là qu'il s'établit avec sa nombreuse famille, dix enfants.

Il ne tarda pas à mériter l'attention et la confiance du gouvernement, et, M. le baron Sers, pair de France et alors préfet de la Gironde, lui remit l'écharpe de maire de la localité qu'il habitait. (Pièce jointe sous la lettre K).

M. Descombes, par les actes de son administration, par ce qu'il fit pour donner à la population à la tête de laquelle il était placé les secours de moralisation dont elle avait besoin, et par ce qu'il fit pendant le rude hiver de 1846 pour alléger les souffrances de ses administrés, s'attira les témoignages publics dont justifient les pièces jointes sous les lettres L, M et N.

———

A l'avénement de là République, en 1848, maire encore, il reçut la marque de confiance la plus honorable : M. Duffour-Dubergier, maire alors de la ville de Bordeaux, en présence des événements, résigna ses hautes fonctions, et s'occupa de parer aux éventualités de la position en créant un comité à la tête duquel il se plaça courageusement. Chacun sait quels services ont été rendus à la cause de l'ordre et du gouvernement par « le comité de la rue Esprit-des-Lois, » dont l'action n'a cessé qu'après le rétablissement de l'Empire.

Le nom de M. Descombes était sorti le troisième de la plume de M. Duffour-Dubergier, qui eut la grande pensée de cette création : la pièce jointe sous la lettre O donne la preuve de cet éclatant témoignage de confiance donné à M. Descombes par l'homme le plus considérable de la ville de Bordeaux.

Son nom est là mêlé à celui des hommes les plus éminents de la Gironde. M. Descombes a dans les mains tout ce qui constate sa part active dans l'action de ce comité.

Le 11 avril 1849, présidant la permanence du comité, il a signé ce placard resté mémorable qui contient l'appel aux hommes d'ordre pour dissoudre la Constituante et la remplacer par une Assemblée législative plus capable de seconder les vues du gouvernement.

M. Descombes possède l'un de ces imprimés et d'autres pièces non moins importantes.

M. le général marquis de Grouchy, aujourd'hui sénateur, qui a commandé la division militaire à Bordeaux, dont M. Descombes a fait prévaloir la candidature à l'élection de l'Assemblée législative, ce que ses lettres à M. Descombes constatent, peut dire ce que valaient dans la Gironde l'influence et le dévouement de M. Descombes à la cause de la société, à cette époque difficile et de luttes (le bon général vivait encore quand ces notes ont été écrites).

Longtemps après les événements dont il vient d'être question, M. Descombes, après avoir subi, dans les faillites à Londres de 1847, des pertes considérables par suite des remises qu'il recevait alors de l'île Maurice, se vit dans la nécessité de liquider sa position ; il eut le bonheur de réaliser assez pour payer intégralement ce que devaient ses propriétés. Les nobles fils de son premier mariage sacrifièrent généreusement leur hypothèque légale par représentation de leur mère, et aidèrent ainsi leur père à faire cette liquidation, à se libérer intégralement.

La position de M. Descombes devint affreuse à ce moment!..... Entouré de dix enfants, âgé déjà, il était en France sans asile et sans pain! Un créancier généreux, M. ***, créancier hypothécaire, auquel une somme de 3,000 francs d'intérêts était due, touché de la détresse de M. Descombes, lui rendit cette somme pour l'aider dans ce naufrage!.....

C'est dans cette situation que M. Descombes vint à Paris, et se mit en instance pour l'une ou l'autre de deux positions qui pouvaient également le sauver.

Il sollicita le consulat de l'île Maurice, où il aurait

ramené sa nombreuse famille, et à la fois une recette
particulière.

Il trouva dans la Chambre de commerce de Bordeaux, présidée par l'honorable M. Duffour-Dubergier,
dans la représentation de la Gironde, dans les hommes
les plus considérables, et parmi eux M. le comte Molé,
autant de protecteurs bons et dévoués. Les documents joints sous la lettre O donnent la preuve
des sympathies que recueillit M. Descombes dans cette
circonstance.

Le dossier de la demande du consulat de l'île Maurice a été reçu par l'Empereur des mains de M. Descombes, et est aux affaires étrangères; il contient une
recommandation de la Chambre de commerce de
Bordeaux qui est un titre d'honneur pour M. Descombes. C'était en 1851; il fut alors conduit au prince
Napoléon, qui, voulant faire aboutir la demande d'une
recette des finances, eut la bonté de venir lui-même
chez M. Descombes, rue Tronchet, 22, le 1er décembre 1851, lui porter une lettre d'audience du ministre
des finances, alors M. le comte de Casabianca, pour le
lendemain 2 décembre 1851.

M. Descombes se rendit, malgré les événements de
cette journée, au rendez-vous qu'indiquait la lettre
d'audience; mais inutilement, et on se l'explique aisé-
ment. Il vit le prince Napoléon, le remercia malgré
tout de ses généreuses intentions. Il continua à le
voir, et il put mériter ses complètes sympathies. Tout

ce que sa position avait inspiré d'intérêt au prince, il le lui témoigna cordialement!.....

M. Descombes quitta Paris et revint à Bordeaux, où était sa famille. Là, le prince lui donna des preuves de ses bons sentiments; plusieurs lettres, *de la main même du prince*, expriment à M. Descombes ses bonnes intentions, et lui donnent l'assurance qu'il les réalisera. Ces lettres sont en la possession de M. Descombes.

*

Au moment de la création du Sénat, que le prince Jérôme allait présider, et dont il s'occupait d'organiser l'administration, le prince voulut donner à M. Descombes un témoignage de la sincérité de ses sentiments pour lui; il réalisa ce qu'il avait daigné lui laisser espérer dans les lettres qu'il lui écrivait lui-même: il lui fit enfin offrir les fonctions de trésorier du Sénat, que M. Descombes refusa parce que le chiffre du traitement n'était pas en rapport avec les besoins auxquels il aurait à pourvoir avec sa famille à Paris; mais le prince lui fit comprendre qu'un avenir meilleur se montrerait bientôt; et ses bontés ne permirent pas à M. Descombes d'hésiter plus long-temps; il accepta!....

*

M. Descombes a occupé ces fonctions délicates sous les yeux de M. le général marquis d'Hautpoul, grand-référendaire du Sénat, et il a la conscience d'avoir toujours mérité les éloges que souvent il a eu le bonheur de recueillir de lui, et toutes les sympathies dont le bon général et sa famille n'ont cessé de lui donner les continuels témoignages pendant quatorze années.

Tout ce qu'il a pu faire dans l'exercice de ses délicates fonctions pour concilier des difficultés et donner souvent le témoignage de ses bienveillants sentiments, il n'y a jamais failli ; il est heureux de le dire.

Son existence a été bien triste, bien pénible, il faut bien le constater ; mais il a la conscience, comme chef de famille et comme fonctionnaire, d'avoir été toujours digne des sympathies dont il a, malgré tout, recueilli de nombreux et constants témoignages dans ce Palais.

M. Descombes croit devoir également produire ici, sous les lettres P, R, S et U, des preuves d'actes, de faits qui appartiennent à sa vie privée, et qui l'honorent assez pour qu'il prie qu'on lui permette d'en parler.

La pièce produite sous la lettre P constitue un témoignage qu'il tient d'une institution toujours avare de ses rares récompenses, et les termes dans lesquels est conçue la lettre qui a accompagné la récompense qui lui a été décernée, la plus considérable de l'institution, et par le suffrage d'hommes qui appartiennent aux plus grands corps de l'État, Sénat, conseil d'État, magistrature et autres, dit assez quels titres a dû présenter la vie privée de l'homme honoré de cette récompense.

Le fait est récent, il est du 31 mai 1860.

*

La pièce jointe sous la lettre Q est un mandat de délégué que M. Descombes a reçu de son pays natal ; c'est encore dans la même sphère que le fait précédent.

Ce mandat contient tout ce qui peut enorgueillir l'homme qui l'a reçu !...

Les hommes les plus considérables du pays où il est né, et qu'il n'a quitté qu'à quarante-deux ans, ont signé ce mandat : à leur tête, sir Édouard Rémono, le premier signataire de cette délégation, est le vice-président de la Cour suprème de la colonie. On peut constater par les pièces produites sous la lettre R l'intimité des relations de M. Descombes avec sir Édouard Rémono, son ami d'enfance, d'études !...

Que ces mots que contient cette délégation et qui la terminent donnent la mesure des sentiments dont M. Descombes recueille l'expression, jusqu'à cette heure, du sol natal qu'il a quitté depuis vingt-trois ans :

« Et ne doutez jamais, que votre nom, béni sur
« votre terre natale, ne soit entouré de notre estime
« et de notre affection !... »

*

Cent lettres de sir Édouard Rémono à M. Descombes et dans ses mains montrent sa vive affection pour l'ami de toute sa vie. Une de ces lettres est terminée par ces termes : « Reçois, mon cher Descombes, « l'assurance toujours de cette vieille amitié qui « grandit avec le temps ! »

*

Enfin, la pièce sous la lettre S montre le nom de M. Descombes mêlé à ceux de deux hommes de bien, et dont la position sociale est un autre titre : ce sont MM. les vicomtes de *** et de ***, protecteurs, avec M. Descombes, d'une œuvre de charité devenue considérable aujourd'hui, et qui place bien haut le nom des personnes qui en ont protégé la fondation.

*

Et M. Descombes peut le dire avec orgueil, cent, mille témoignages, aussi honorables pour lui par l'accomplissement d'œuvres chrétiennes et d'actes de dévouement aux autres, attestent combien sa vie, dès l'âge de raison, a été dignement remplie, et tout ce qu'il a recueilli de témoignages honorables et élevés !

On a pu, par tout ce qui précède, suivre tous les pas de M. Descombes dans sa double carrière d'homme public et d'homme privé, et on ne le verra pas, sans

un sentiment pénible, forcé de parler de lui et de produire au grand jour tout ce qui se rattache à son
existence. C'est un devoir qu'il a voulu remplir, non
pas pour lui, il le dit bien haut ; car il se serait
borné au silence pour toute réponse à ce qui ne pouvait l'atteindre ; il se serait borné, comme le lui
disait M. le procureur général Frappier, à s'élever au-
dessus de certaines attaques, et c'eût été un triomphe
suffisant pour lui, « celui de l'homme de bien, le sien, »
pour rappeler les paroles de M. le procureur général ;
mais M. Descombes a autour de lui une grande
famille ; parmi ses enfants, sept fils, qui tous sont
dignes et honorent le nom qu'ils portent ! Trois de
ces fils servent la France sous les drapeaux, et il
n'était pas possible qu'il ne mît pas au grand jour
tout ce qui a honoré l'existence au terme de laquelle
il arrive !...

Placé aujourd'hui à cinq mille lieues du pays où il
est né, et qu'il n'a quitté qu'à quarante-deux ans,
après vingt-trois années de cet éloignement, M. Descombes recueille chaque jour tout ce qui l'honore et
témoigne des sentiments conservés pour lui par les
amis de toute sa vie.

Lorsque le plus jeune des trois fils qu'il a dans
les rangs de l'armée a mérité par sa valeureuse
conduite au Mexique la décoration qu'il reçut sur
le champ de bataille des mains du maréchal Forey,
commandant en chef l'expédition, la nouvelle qui en
parvint à l'île Maurice provoqua un mouvement

spontané ! les journaux retentirent de l'action d'éclat d'Achille Descombes, et la colonie tout entière lui vota un sabre et une adresse !

*

Lorsque le malheur vint frapper M. Descombes dans tout ce qu'il avait de plus cher, en lui enlevant la mère de ses enfants, la compagne de trente-cinq années de son existence, ses amis de l'île Maurice se montrèrent aussi prompts à lui donner le témoignage le plus éclatant de leurs bons et généreux sentiments. Ils décidèrent qu'un service funèbre en musique et avec pompe serait célébré à la cathédrale du Port-Louis, la ville natale de madame Descombes, pour le repos de l'âme de celle dont ils voulaient entourer la mémoire de ce noble témoignage de leurs sympathies. Ils informèrent M. Descombes de leur résolution et lui dirent « que le service serait célébré le jour anniver-
« saire de la mort de celle qu'ils pleuraient avec lui,
« que les invitations seraient faites au nom de lui,
« M. Descombes, de ses enfants, et au nom aussi de
« ses nombreux amis du pays natal. »

L'homme qui reçoit, après vingt-trois années d'absence, de tels témoignages de cette terre natale où il a fourni une vie d'homme, dont il n'est parti qu'à quarante-deux ans, cet homme a quelque droit de croire qu'il a bien rempli sa longue existence, et qu'il

laissera aux dignes enfants qui entourent sa vieilless<
de leurs respects et de leurs tendres soins, une mémoire qu'ils pourront bénir.

M. Descombes a été marié deux fois. Il a eu ur
grand nombre d'enfants. Il en a conservé neuf qu'i
a, par les seuls labeurs de sa vie, pu élever dignement : c'est là une assez noble mission accomplie.

Et bien d'autres que ses enfants rendront à cett<
existence, toute consacrée au bien, la justice qui lu
est due. M. Descombes a le droit de l'espérer ; car i.
a recueilli, ici même sur le sol de la France, un témoignage, entre autres, assez éclatant de reconnaissanc<
pour son dévouement aux autres, pour ses actes bons
et utiles de chaque jour. En effet, en 1862, une per-
sonne qui connaissait M. Descombes assez pour être
initiée à ce qui a rempli sa vie, conçut la généreuse
pensée de lui faire offrir son buste. Il s'adressa aux
amis de M. Descombes et, avec leur aide, il parvint,
au moyen d'une souscription à laquelle prirent part
des cœurs reconnaissants et heureux de contribuer à
l'œuvre , et de beaucoup de départements de la
France, à réaliser sa pensée, son intention. La souscription excéda le prix du buste, et une statuette fut
à la fois offerte à M. Descombes. La statuette porte
pour inscription : « A M. Descombes, ses amis, 1862.»
On lit sur le piédestal du buste : « A l'homme de bien,
reconnaissance! »

Ce buste a été solennellement inauguré par les
amis de M. Descombes, et placé dans le lieu de leur

réunion à l'île Maurice, pays natal de M. Descombes.

Ce sont là des faits qui parlent assez haut, et dont certes n'aurait jamais dit un mot celui qui les rappelle, s'il n'avait voulu faire enfin entendre la vérité.

Paris, 15 février 1866.

A. DESCOMBES.

> . . . .
> En tout cas, monsieur, vous êtes de ces
> hommes que les propos et les soupçons ne
> peuvent pas atteindre ; je vous aurais bien
> mal connu si j'avais pu suspecter votre
> conduite. Que tous les fonctionnaires publics
> vous ressemblent, et toutes les places seront
> honorées.
>
> FRAPPIER DE JÉRUSALEM,
> Procureur général du roi.

On verra plus loin ce qui a donné lieu à la production des anciens documents qu'on va lire.

Extrait d'une dépêche de Son Excellence le ministre de la Marine et des Colonies à M. le commandant pour le Roi à l'île Bourbon.

« Paris, 30 avril 1825.

« Indépendamment du directeur qui est placé à la tête de chacun des services, l'administration locale y a attaché dès 1815 un inspecteur. Il m'a paru que l'organisation qui avait été arrêtée par le Ministère, lors de la reprise de possession, était préférable ; les fonctions de directeur ne sont pas tellement étendues qu'elles doivent nécessiter l'adjonction d'un inspecteur. Le directeur peut tout à la fois diriger son service et l'inspecter, surtout si, en même temps que l'on supprimerait l'emploi d'inspecteur, on chargeait le receveur principal de la première direction du contentieux et des poursuites, ainsi que cela existe déjà dans la direction des douanes.

« Je regarde donc comme une simplification désirable la

suppression des inspecteurs, *à mesure que ces places viendront à vaquer*, en se réservant d'ailleurs de placer près du directeur un vérificateur ambulant.

« Dans le cas où cette suppression offrirait des inconvénients, que je n'aperçois pas, vous auriez encore à examiner s'il n'y aurait pas lieu de placer un seul inspecteur pour les deux directions, ce qui concorderait avec la mesure que je vous indiquerai plus bas et qui aura pour objet de réunir dans les mêmes mains les recettes particulières de tous les services financiers, celles du chef-lieu exceptées. Dans ce cas le traitement de l'inspecteur unique que l'on conserverait serait susceptible de recevoir une légère augmentation.

« J'appelle votre attention particulière sur ces indications. Dans tous les cas, je dois vous dire que mon département a été informé que le service de l'inspection n'a pas toujours été fait avec la fermeté et l'exactitude que l'on devait en attendre, et que la fraude en matière d'enregistrement et de contributions directes et indirectes, et surtout en matière de douanes, n'a point été réprimée.

« *J'attendrai du reste vos propositions définitives. Vous me les transmettrez, après avoir pris l'avis du comité consultatif de la colonie et celui du conseil de gouvernement et d'administration; jusque-là les places d'inspecteur devront provisoirement, en cas de vacances, ne pas être remplies.* »

PERSONNEL.

PREMIÈRE DIRECTION.

« M. Houpiart (Pierre-Hubert) est maintenu dans l'emploi de directeur de l'enregistrement, conservateur des hypothèques.

« *M. Descombes remplit depuis peu les fonctions d'inspecteur, l'utilité de l'emploi étant mise en doute, il n'y aura lieu à breve-*

ter cet employé qu'autant qu'il aura été statué sur cette partie de l'organisation du service.

« Je sais que M. Descombes joint à beaucoup de zèle une capacité reconnue, et qu'il en a fait preuve dans les fonctions de receveur des contributions. J'espère qu'il ne se rendra pas moins utile dans le service de l'enregistrement dont il est chargé. »

Saint-Denis (île Bourbon), le 3 février 1826.

A Monsieur Saint-Hilaire, directeur des colonies au ministère de la marine et des colonies, à Paris.

Monsieur, vous serez étonné sans doute de recevoir une lettre de moi, en reconnaissant surtout qu'elle a pour objet unique la demande d'un bienfait, auquel j'ai des droits certains, mais que rien ne m'autorise à solliciter de vous. Mais, quand vous aurez appris tout ce qui se rattache à cette demande, quand ensuite vous remarquerez qu'il s'agit d'assurer la position d'un employé qui a bien mérité du gouvernement et qui est père de famille, vous n'hésiterez pas à m'excuser et à me couvrir de votre protection. M. votre fils, que j'ai eu l'avantage de connaître dès son arrivé ici, a eu l'obligeance de me remettre une lettre de recommandation pour vous; c'est un titre dont je suis heureux de me prévaloir dans cette circonstance.

Appelé en 1818 à occuper en cette colonie les fonctions de receveur principal des contributions directes, je remplis dès lors cet emploi, que je devais aux bontés du gouverneur de la colonie, jusqu'au 16 mai 1824, époque à laquelle son successeur, gouverneur actuel, voulut bien me pourvoir de l'emploi d'inspecteur de l'enregistrement, des domaines et des contributions directes, dont je suis chargé depuis deux ans.

Je puis le dire hautement, je n'ai pas sollicité les fonctions d'inspecteur dont je suis pourvu. M. le gouverneur a bien voulu me proposer cet emploi pour me donner un témoiguage authentique de sa satisfaction. Ce sont les expressions de M. le commissaire de marine ordonnateur, que M. le gouverneur avait chargé de me proposer la place que j'occupe. Je me montrai sensible à une telle déférence, et je ne l'attribuai qu'à la bonté ordinaire de notre gouverneur, qui, bien qu'il cût le désir de me donner dans le service un grade supérieur, ne voulait pas néanmoins m'en pourvoir sans mon cousentement, parce qu'il n'ignorait pas que les fonctions de receveur principal étaient plus lucratives que celles d'inspecteur, et qu'il savait tout le besoin que j'avais des émoluments de ma place, mes seuls moyens d'existence. Je fus bien pénétré, je le répète, de cet acte de bonté, et cédant à une considération qui était sacrée pour moi, celle de conserver à ma famille le plus de moyens possibles d'existence, j'allais refuser l'emploi d'inspecteur, quand on me décida à l'accepter en augmentant d'abord le traitement de celui que je devais remplacer, et en me maintenant dans les fonctions de receveur communal à Saint-Denis, une des attaches de la recette principale. Le traitement d'inspecteur ne se trouvait pas encore tout à fait porté au taux de celui dont je jouissais comme receveur principal; mais je dus céder à tant de bienveillance, et je pris charge de mon nouvel emploi.

Je ne me prévaudrai pas des marques de satisfaction que j'ai reçues depuis que je suis au service; ce que je viens de rapporter est le témoignage le plus flatteur que je puisse offrir.

Tel était l'état des choses, lorsque notre gouverneur reçut une dépêche de Son Excellence le ministre de la marine et des colonies, datée du 30 avril 1825, n° 106, et relative à l'organisation des services financiers de cette colonie.

On ne me laissa pas ignorer ce qui, de cette dépêche, se rapportait à mes fonctions; mais je me réjouis des témoignages de satisfaction exprimés par Son Excellence à mon égard, et quoique incertain sur le maintien ou la suppression de l'emploi d'inspecteur, je demeurai dans une sécurité parfaite sur la conservation de ma place, *puisque « dans aucun cas, le « changement qui pouvait avoir lieu ne devait m'être appliqué, « Son Excellence ayant formellement exprimé que la disposition « de suppression ou de réduction ne devait avoir lieu que « lorsque l'emploi viendrait à vaquer, dans le cas de vacance « seulement. »*

Mais cette sécurité, où j'ai d'abord été, vient de se transformer en inquiétude ! Ce nouvel état de choses naît de l'application que M. Houpiart, directeur du service dont je suis inspecteur, m'a dit devoir m'être faite de la disposition de réduction de mes fonctions d'inspecteur à celles de vérificateur ambulant !

Il est vrai que, sur la proposition de M. Houpiart, la réduction de mes fonctions à celles de vérificateur ambulant a été adoptée ; mais je dois dire que la majorité du conseil a été pour le maintien de mon emploi, tel qu'il existe aujourd'hui. M. Achille Bédier, contrôleur, a surtout voté pour la conservation des fonctions *d'inspecteur*, et a demandé que son opinion fût consignée au procès-verbal de la séance du conseil. M. le gouverneur, dont la voix est prépondérante dans le conseil, s'étant rangé du côté de la minorité, là où se trouvait le chef de service, la majorité n'a pu prévaloir, et la réduction de l'emploi a été arrêtée.

M. Houpiart a fondé sa proposition de réduction sur ce que, les receveurs principaux centralisant ici les recettes particulières, ils remplissaient une partie des fonctions d'inspecteur en France, qu'ainsi ils devaient en avoir les attributions, que dès lors l'employé chargé jusqu'ici des fonctions d'inspecteur remplissait les devoirs de vérificateur ; que cette qualité devait en conséquence lui être donnée, pour, ce vérificateur, prendre rang après les receveurs principaux qui, investis d'une des attributions des inspecteurs de France, devenaient supérieurs par cela au vérificateur.

Pourquoi, lui a-t-on objecté, l'inspecteur ici ne remplirait-il pas cette partie des attributions des inspecteurs de France? Parce que, a-t-il répliqué, le ministre, par sa dépêche du 30 avril, a formellement dit que les inspecteurs à Bourbon ne seraient chargés d'aucune recette.

Certainement le ministre n'a pas entendu parler des collectes que font les inspecteurs dans leurs tournées périodiques.

Le ministre, sachant probablement que j'avais été chargé de recettes particulières, d'une perception de contributions communales, en même temps que des fonctions d'inspecteur, et sentant l'incompatibilité de ces deux emplois, a voulu prévenir semblable réunion pour l'avenir, et a formellement dit que les inspecteurs ne seraient chargés d'aucune recette particulière.

C'est là cependant sur quoi M. le directeur Houpiart a basé tout son échafaudage de proposition de réduction, et la majorité du conseil, qui a été pour le maintien de l'emploi *d'inspecteur*, n'a pas été écoutée, parce que, la **voix** de M. le gouverneur étant prépondérante, ainsi que je l'ai dit, la minorité s'est trouvée plus forte.

Il n'en a pas été de même à l'égard de mon collègue de la direction des douanes. Son directeur ayant demandé la conservation de l'emploi, le maintien proposé a eu lieu. M. le gouverneur doit, en quelque sorte, suivre l'opinion du chef de service; c'est une lumière dont il ne doit pas s'éloigner, assez ordinairement du moins.

Pourquoi M. Houpiart n'a-t-il pas demandé le **maintien** des fonctions de l'inspecteur?... Je me garderai de faire la moindre réflexion à ce sujet. Plus bas on pourra se convaincre de la cause de cette proposition faite au préjudice de l'employé qui, dans l'ordre hiérarchique, vient après M. le directeur

Houpiart, de celui dont la position est supérieure à celle des autres employés de la direction.

En apprenant la réduction de l'emploi d'inspecteur, je n'avais aucune inquiétude à éprouver, puisque, ainsi que je l'ai dit plus haut, cette réduction ne devait pas m'être appliquée ; mais j'éprouvai un tout autre sentiment quand M. Houpiart me dit qu'il en était autrement. Je n'hésitai pas à faire part de ce que je ressentais de pénible à plusieurs membres du conseil, et à M. le contrôleur lui-même, et j'appris qu'il n'avait pas été statué sur cette application de réduction. M. le contrôleur me dit même que je ne devais avoir aucune inquiétude, les expressions de Son Excellence étant tellement formelles qu'il n'y avait pas lieu à soumettre la question sur ce point à la discussion du conseil.

Je rentrai donc dans mon premier état de sécurité ; néanmoins je formai la résolution de tout faire pour obtenir enfin une fixation de mes fonctions. C'est là, monsieur le directeur, ce qui me procure aujourd'hui l'honneur de m'entretenir avec vous. Daignez me couvrir de votre protection ; que je sois maintenu par Son Excellence dans les fonctions que je remplis, avec cette restriction, si on le juge nécessaire, que ce maintien ne tirera pas à conséquence pour tout autre que moi, afin de ne pas contrarier les dispositions de la dépêche de Son Excellence, du 30 avril 1825, n° 106, dispositions desquelles il résulte que, « dans le cas de réduction de l'emploi (ce qui « a été adopté en conseil), il y aura lieu à supprimer les « inspecteurs, *à mesure que les places viendront à vaquer.* »

Le maintien que je demande m'assurera une position que je devrai à vos bontés. J'avais d'abord songé à écrire directement au ministre ; mais j'ai pensé que je ne pouvais mieux me placer que sous votre protection.

Je pourrais terminer ici cette lettre déjà bien longue ; mais je dois ajouter à ce que j'ai dit quelques renseignements qui vous serviront dans ma cause.

M. Houpiart père remplit les fonctions de directeur de toutes les parties du service dont je suis inspecteur.

Son fils aîné est receveur principal du même service.

Son fils cadet remplit auprès de son frère aîné les fonctions de receveur principal adjoint.

J'ai été d'abord receveur principal des contributions directes, et le collègue alors du fils aîné de M. Houpiart; j'ai été élevé à un grade supérieur par ma nomination à l'inspection de l'enregistrement, des domaines et des contributions directes. J'ai toujours été supérieur en grade à M. Houpiart fils cadet, puisqu'il n'était que commis au bureau des hypothèques pendant que j'étais receveur principal, et qu'il n'a été nommé à ce dernier emploi que lorsque je l'ai quitté pour passer à celui d'inspecteur.

J'ai donc été bien évidemment, d'abord, le collègue du fils aîné, son supérieur ensuite, et toujours le supérieur du fils cadet.

Quel changement s'opérerait dans ma position si on faisait de moi aujourd'hui un vérificateur ambulant! Je me trouverais après les receveurs principaux, d'après le principe émis par M. Houpiart; je me verrais forcé au pas rétrograde, après une gestion qui m'a valu des témoignages continuels de satisfaction.

La perspective à laquelle j'ai des droits bien acquis par mes bons services, et qui est une des justes prérogatives de mon emploi d'inspecteur, celle enfin de succéder au directeur, me serait enlevée au profit du receveur principal; et son adjoint, qui doit lui succéder de droit, d'après les dispositions de la dépêche de Son Excellence, n'aurait pas un avenir moins riant! Seul je serais atteint dans mon rang, dans mes intérêts, et c'est dans une dépêche qui contient un témoignage de satisfaction bien honorable pour moi, qu'on aurait puisé les motifs d'un tel traitement! Non, la bonté ordinaire de M. le gouverneur et sa bienveillance pour moi m'assurent assez que cette disposition de réduction ne sera pas mise à exécution tant que je remplirai les fonctions d'inspecteur; mais, pour ma tranquillité, je dois me prémunir contre tout événement, je dois assurer mon existence et celle de ma famille, et c'est en obtenant le bienfait que je viens solliciter que je me mettrai à l'abri d'un malheur.

Je n'ai pas besoin de vous parler de la reconnaissance que je vous devrai, monsieur; le souvenir de ce que vous ferez pour moi ne s'effacera jamais.

J'ai l'honneur d'être bien respectueusement, monsieur, votre très-humble et très-obéissant serviteur.

A. DESCOMBES,

Inspecteur de l'enregistrement et des domaines,
des contributions directes, et de la commune
générale.

M. le commandant et administrateur pour le roi ayant, au mépris des formelles indications du ministre de la marine et des colonies et de ses bienveillants témoignages à mon égard, et encore de l'opinion conforme de M. le contrôleur de la marine dans la colonie, converti les fonctions d'inspecteur de l'enregistrement, des domaines et des contributions directes, que je remplissais depuis plus de deux ans, après avoir été receveur principal pendant six années, en celles de vérificateur ambulant, je dus protester contre l'application d'une mesure qui ne devait avoir effet qu'en cas de vacance de l'emploi, et ne pas me frapper dès lors. C'était une atteinte à ma position, une réduction de mes attributions et de mon traitement; je n'hésitai pas à refuser d'accepter un tel acte, et je le qualifiai sévèrement dans ma protestation ; c'était mon droit et mon devoir.

On pourvut des fonctions de vérificateur ambulant un candidat du directeur qui, je l'ai dit plus haut, avait deux fils dans la direction dont il était le chef, et je remis mon service comme on va le voir, c'est-à-dire de la manière la plus complète et la plus honorable, et sans laisser le droit à l'autorité d'élever une plainte, de faire entendre un seul mot de reproche.

Extrait des minutes de la mairie de la commune de Saint-Denis (île Bourbon).

« L'an mil huit cent vingt-six, le dix-huit mars, à dix heures du matin, en la salle de la mairie, et en exécution de l'ordonnance de M. le commandant administrateur pour le roi, en date du douze février dernier, et en présence de M. Achille Bédier, contrôleur de la marine, se sont réunis par-devant nous et sur notre invitation, MM. Descombes, inspecteur de l'enregistrement et des domaines, chargé de la recette municipale, et Dubuisson Valberty, secrétaire de la mairie et caissier municipal, en vertu de l'ordonnance précitée, à l'effet d'être, par M. Descombes, fait remise au sieur Dubuisson des fonds restant en caisse le vingt février dernier, jour où M. Descombes a arrêté ses comptes municipaux.

« Compte fait des espèces montant à onze mille sept cent soixante-treize francs dix-sept centimes, elles ont été remises au sieur Dubuisson qui déclare les avoir reçues et en donner bonne et valable quittance et décharge.

« Remise a également été faite par M. Descombes au sieur Dubuisson de seize pièces justificatives des recettes et des dé-

penses du premier janvier au vingt février dernier, s'élevant
en recette à la somme de quatre mille cinq cent quatre-vingt-
dix-neuf francs vingt-neuf centimes, et en dépense à celle de
trois mille cinq cent vingt-neuf francs dix-sept centimes. La
somme de deux mille deux cent soixante-dix-sept francs neuf
centimes, portée en recette au journal sous le n° 3, se trouve
justifiée par le journal du receveur principal qui nous a été
exhibé, lesquelles pièces le sieur Dubuisson déclare avoir
reçues et donner bonne et valable décharge.

« Il a été également procédé à l'examen du journal de recette et de dépense qui se trouve arrêté au vingt février dernier, et qui présente un encaisse de onze mille sept cent
soixante-treize francs dix-sept centimes, somme égale à celle
des espèces énumérées et relatées de l'autre part.

« M. Descombes a enfin remis le registre-journal des recettes et dépenses communales arrêté le vingt février dernier, duquel il lui est également donné décharge par le sieur
Dubuisson.

« Les opérations étant terminées, le présent procès-verbal
a été clos et signé de M. le contrôleur, de MM. Descombes et
Dubuisson, et de nous, après lecture faite. *Ainsi signé :* Ach.
Bédier, A. Descombes, Dubuisson et Petitpas.

« Pour copie conforme,

« Le maire de Saint-Denis,

« *Signé :* PETITPAS. »

« Je, soussigné, vérificateur ambulant de l'enregistrement
et des contributions directes, certifie avoir procédé à la vérification d'un état fourni par M. Descombes à l'appui de son
compte, portant récapitulation des sommes par lui versées au

Trésor, à la commune générale et aux communes pour dixième net des patentes, et présentant ainsi le total des sommes qui lui ont été versées par les receveurs des diverses communes de l'île, et j'ai reconnu que les sommes par lui portées versées au Trésor et à la commune générale l'ont été réellement, et qu'il a aussi tenu compte aux diverses communes des sommes portées audit état comme leur revenant pour dixième net sur patentes, et que le montant réuni desdites sommes donne exactement le total des sommes qui lui ont été versées par les receveurs desdites communes, à quelques différences près qui ont été relevées et rapportées au bas dudit état et reconnues par le soussigné, et dont le résultat présente une différence au préjudice de M. Descombes de 649 francs 19 centimes.

« Cette vérification a été faite, quant aux sommes versées par M. Descombes, au vu des récépissés du trésorier, du registre de recette et de dépense de la commune générale et des états d'attribution aux communes du dixième de patentes acquittés par les receveurs communaux ; et quant aux versements opérés par les receveurs, au vu des états ou bordereaux de versements déposés à la recette principale.

« En foi de quoi j'ai délivré le présent à M. Descombes.

« Saint-Denis, le 11 novembre 1826,

« *Signé :* Th. Murat. »

Je m'étais pourvu auprès du ministère de la marine et des colonies contre l'application arbitraire de la mesure que je n'avais pas voulu accepter ; ma réclamation est du 23 mars 1826, et elle a été répétée le 3 juillet suivant ; la dépêche de M. le directeur des colonies qui va suivre précise ce fait.

« Paris, le 26 août 1826.

« Monsieur, j'ai reçu le mémoire que vous m'avez adressé, le 3 juillet dernier, au sujet de votre situation dans la direction des domaines et des contributions directes.

« Le ministre de la marine ayant décidé récemment, qu'avant de statuer sur la nouvelle organisation financière, il demanderait ou attendrait l'avis du gouverneur en conseil, je ne suis pas encore à portée de faire valoir vos réclamations. Je me réserve de les examiner de nouveau et de les mettre sous les yeux du ministre, après la réception de l'avis de l'autorité locale, s'il arrivait que votre sort n'eût pas encore été fixé d'une manière conforme à vos vœux.

« Recevez, monsieur, l'assurance de ma parfaite considération.

« Le directeur de l'administration des colonies,

« *Signé :* SAINT-HILAIRE. »

« *P. S.* Je reçois, monsieur, votre lettre du 23 mars, et je ne puis que vous renouveler à cette occasion l'assurance de l'intérêt très-réel que je prendrai toujours à ce qui pourra vous concerner.

« *Signé :* SAINT-HILAIRE.

« *A Monsieur Descombes, employé dans la direction des domaines et des contributions directes à Bourbon.* »

———

On le voit, le directeur des colonies lui-même reconnaissait l'arbitraire de l'application qui m'avait été faite de la mesure de réduction, « *qui ne devait avoir effet qu'en cas de vacance de l'emploi,* » en précisant « *qu'il ne pouvait être statué* » sur la nouvelle organisation, qui contenait l'indication de ces nouvelles mesures comme désirable, « *qu'alors que l'autorité locale aurait recueilli l'avis du comité consultatif d'agriculture et du commerce et du conseil du gouvernement et d'administration.* »

M. le commandant et administrateur avait tout foulé aux pieds ; et de sa seule autorité il me frappait, sans attendre, dans mes attributions et dans mon traitement.

J'avais quitté l'île Bourbon ; j'étais revenu à l'île Maurice, où un malheur de famille me retint, et j'écartai dès lors de mon esprit toute pensée de retour à des fonctions d'administration, même à un emploi supérieur dans le service de l'enregistrement et des domaines qui m'était alors offert dans l'administration du Sénégal à Cayenne.

Je venais de perdre une première épouse, la mère de bien jeunes enfants dont je ne pouvais me séparer, et je restai dans ma famille à l'île Maurice jusqu'au moment de mon départ pour la France, en 1842.

Voilà comment j'ai quitté le service.

J'étais pourvu des fonctions élevées d'inspecteur de l'enregistrement et des domaines, des contributions directes, et de la commune générale ; j'étais à la fois trésorier municipal à Saint-Denis, le chef-lieu de la colonie.

Comme receveur principal des contributions directes, en cessant ces fonctions, et avant d'entrer en possession de celles d'inspecteur, j'avais dû remettre et en effet j'avais remis depuis plus de deux ans, à mon successeur, M. Victor Houpiart, le fils cadet du directeur, ma caisse et les archives de mon service ; or, en cessant les fonctions d'inspecteur, je n'avais rien à remettre au vérificateur ambulant qui me succédait, que ce qui dépendait du service de l'inspection.

Je n'étais comptable que comme trésorier municipal, et à ce titre seulement j'avais une remise de service de comptable à faire ; on vient de voir comment a été effectuée cette remise, et ce qui l'indique est l'acte authentique dressé au moment même de la remise de tout ce qui dépendait de ces fonctions de comptable, c'est-à-dire de la caisse et des archives de ce service ; et l'existence de cet acte authentique de remise dans mes mains écarte tout ce qui serait l'ombre d'un reproche et en fait justice ; car, en même temps qu'il précise une remise intacte et complète, il porte décharge pleine et entière pour le comptable.

Maintenant, qu'on me permette, pour clore cet écrit, de placer ici deux extraits de lettres d'un haut fonctionnaire dans l'ordre judiciaire de l'île Bourbon, qui, intervenant dans des discussions entre le directeur Houpiart et moi, à l'occasion de mes fonctions, terminait ses communications en termes que je vais rapporter :

Extrait d'une lettre de M. le procureur général Frappier de Jérusalem à M. Descombes, receveur principal des contributions.

« . . . .

« Je n'ai pas dit à M. Houpiart que c'était sur votre provocation que l'huissier Copal avait établi un droit particulier de transport, etc.

« *En tout cas, monsieur, vous êtes de ces hommes que les propos et les soupçons ne peuvent pas atteindre;* je vous aurais bien mal connu si j'avais pu suspecter votre conduite; que tous les fonctionnaires publics vous ressemblent, et toutes les places seront honorées. »

« Recevez, etc.

« *Signé :* FRAPPIER DE JÉRUSALEM. »

Une autre fois, rendant compte à ce même magistrat de nouvelles tracasseries du directeur Houpiart, il m'écrivit :

« Monsieur le receveur principal,

« Je vous remercie de la nouvelle communication que vous avez bien voulu me faire, et je prends une part bien sincère aux désagréments que vous éprouvez; mais quand on est fort de sa conscience, on s'élève au-dessus d'eux : c'est le triomphe de l'homme de bien, c'est le vôtre.

« Recevez, etc.

« *Signé.* FRAPPIER DE JÉRUSALEM. »

Ces lettres sont dans mes mains.

———————

Ce qui a provoqué les renseignements qui précèdent, c'est la communication qui m'a été donnée il y a quelques jours d'une lettre de feu l'ex-commandant et administrateur pour le roi à l'île Bourbon en 1826, au ministre de la marine et des colonies, *lettre exhumée après trente années !.....*

Cette lettre, écrite uniquement pour justifier l'acte arbitraire consommé contre moi au mépris des intentions formellement exprimées par le ministre de la marine et des colonies, dans sa dépêche du 30 avril 1825, n° 106, devait nécessairement présenter quelque grief pour valoir justification de l'acte qui m'avait frappé, et rien n'était plus simple, *de cinq mille lieues et dans l'ombre,* que d'attribuer au fonctionnaire maltraité des reproches *quelconques;* c'est ce qu'a fait M. le commandant pour le roi, et je me suis empressé, dès la communication qui m'a été donnée de cette lettre, d'adresser au haut fonctionnaire qui me plaçait cette production surannée sous les yeux, la lettre qu'on va lire.

Paris, le 17 avril 1856.

Monsieur,

Quel que soit le caractère de la communication que vous m'avez faite d'une lettre de feu M. l'ex-gouverneur de l'île Bourbon, lettre exhumée *après trente années,* je me dois et surtout à ma famille, à mes fils, dont trois ont l'honneur de

servir la France sous les drapeaux, de répondre à cette production et d'en démontrer la non-valeur.

M. le commandant pour le roi, méconnaissant les intentions exprimées en termes formels dans la dépêche du ministre de la marine et des colonies, du 30 avril 1825, n° 106,
en m'appliquant une mesure de réduction qui ne devait avoir
lieu « *qu'en cas de vacance de l'emploi d'inspecteur* » dont
j'étais pourvu depuis plus de deux ans, *et dans lequel emploi*
« *le ministre espérait que je ne me rendrais pas moins utile que*
« *dans celui de la recette principale où j'avais fait preuve de*
« *zèle et d'une capacité reconnue* » (*termes de la dépêche ministérielle précitée*), M. le commandant, dis-je, m'ayant frappé,
contrairement aux recommandations formelles du ministre,
de cette mesure de réduction dans mon traitement et mes
attributions d'inspecteur, a eu besoin, pour justifier cet acte
contre lequel j'avais protesté avec force, et contre lequel
j'avais réclamé auprès du ministre, des allégations contenues
dans sa lettre au ministre, et dont une lecture attentive fait
reconnaître tout l'embarras et le vide.

Voilà la seule cause et la valeur de cette lettre.

Maintenant, monsieur, comme j'ai conservé tout ce qui
dépend, pour ma décharge, des fonctions dont j'ai été pourvu
dans le service colonial, c'est avec des actes authentiques que
je réponds aux allégations de *trente années* de feu M. l'ex-
gouverneur de l'île Bourbon, lancées dans l'ombre et pour
se justifier !

Je joins en conséquence à ma lettre deux copies d'originaux
que j'ai dans les mains ; ce sont les actes eux-mêmes de la remise que j'ai faite de mes services, et desquels actes authentiques il conste que la remise de mon service comme trésorier municipal de Saint-Denis, et l'état justificatif de mes
opérations générales comme receveur principal, n'ont présenté quoi que ce soit, rien qui pût autoriser le moindre
blâme.

Est-il besoin d'ajouter qu'après avoir protesté contre la mesure de réduction que je n'ai pas dû accepter, j'ai écrit, les 3 février et 23 mars 1826, à M. le directeur des colonies, alors M. Saint-Hilaire, pour réclamer contre l'arbitraire de cette mesure ; et que, le 26 août suivant, sous le n° 865, M. le directeur des colonies, en répondant à ma réclamation, me fournissait lui-même la preuve de l'énormité de l'acte de l'ex-commandant, en m'écrivant « *qu'il ne pouvait être statué sur* « *la nouvelle organisation financière sans l'avis du gouverneur,* « *en conseil, qu'on attendait au ministère.* »

J'ai tous ces documents en originaux dans les mains, et je suis prêt à les produire !

M. l'ex-commandant a été appelé à rendre compte de la mesure de réduction de mes fonctions contrairement aux instructions formelles du ministre ; et, pour justifier cet acte arbitraire auquel l'avait poussé le directeur Houpiart contre un fonctionnaire que le ministre entourait de ses éloges, M. l'ex-commandant a lancé sa lettre d'août 1826, l'œuvre occulte du directeur Houpiart !

C'est ainsi que loin de la France l'autorité se décharge de la responsabilité d'actes mauvais, arbitraires, et dont il lui est demandé compte.

Veuillez, monsieur, me pardonner l'ennui de pareils détails, aussi surannés surtout, que je suis forcé de produire pour me défendre, *comme toujours ;* et agréez, je vous prie, monsieur, l'hommage de tout mon respect.

Signé : A. DESCOMBES,

Ancien trésorier municipal, receveur principal et plus tard inspecteur de l'enregietrement et des domaines, des contributions directes, et de la commune générale à l'île Bourbon.

Et à M. le directeur des colonies une autre lettre ainsi conçue :

Paris, le 17 avril 1856.

Monsieur le directeur des colonies,

La communication hier d'une lettre d'un ancien gouverneur de l'île Bourbon, *et dont la date remonte à trente années,* a justifié ce qui m'avait été dit d'une intervention dont je m'étais empressé de vous entretenir.

M. l'ancien gouverneur, méconnaissant les intentions exprimées en termes formels dans une dépêche du ministre, du 30 avril 1825, n° 106, en m'appliquant une mesure de réduction qui ne devait avoir lieu qu'en cas de vacance de l'emploi d'inspecteur dont j'étais pourvu depuis plus de deux ans, « *et dans lequel emploi le ministre espérait que je ne me ren-* « *drais pas moins utile que dans celui de la recette principale où* « *j'avais fait preuve de zèle et d'une capacité reconnue (termes* « *de la dépêche ministérielle précitée),* » M. l'ancien gouverneur, dis-je, m'ayant frappé de cette mesure de réduction dans mon traitement et mes attributions, a dû, pour justifier cet acte contre lequel j'avais protesté avec force et réclamé auprès du ministre, recourir à ce qu'il a allégué dans sa lettre au ministre, et dont une lecture attentive fait voir tout l'embarras et le vide !.....

Voilà la cause et la valeur de cette lettre.

Maintenant, monsieur le directeur, comme j'ai conservé tout ce qui dépend, *pour ma décharge, des fonctions* dont j'ai été pourvu dans le service colonial, c'est avec des actes authentiques que je réponds aux absurdes allégations de feu M. l'ex-gouverneur de l'île Bourbon.

Ce n'est là que l'exercice du droit le plus légitime, celui de la défense !

Je joins à ma lettre deux copies de pièces que j'ai dans les mains ; ce sont les *actes authentiques* de la remise que j'ai faite, et desquels *actes authentiques* il conste que la remise de mon

service comme trésorier municipal de Saint-Denis, et celle de
l'état justificatif de mes opérations générales comme receveur
principal, n'ont présenté quoi que ce soit, rien qui pût motiver
ou autoriser un seul mot de reproche.

Ces *preuves authentiques* de la seule vérité, je vous demande, monsieur le directeur des colonies, et j'attends de
votre justice de les joindre à la lettre de l'ex-gouverneur, pour
en être l'antidote.

Je vous serai profondément reconnaissant de ce soin.

Est-il besoin de dire qu'après avoir protesté contre l'application qui m'a été arbitrairement faite d'une mesure de réduction que je ne pouvais pas accepter, j'ai écrit à M. le directeur des colonies, alors M. Saint-Hilaire, pour réclamer
contre l'arbitraire de cette mesure, et que le 26 août 1826,
sous le n° 865, M. Saint-Hilaire, en répondant à mes réclamations des 3 février et 23 mars 1826, me fournissait lui-même
la preuve de l'énormité et de l'injustice de l'acte de M. l'ex-
gouverneur, en me déclarant qu'il ne pouvait être statué sur
la nouvelle organisation financière sans l'avis du gouverneur
en conseil, qu'*on attendait au ministère.*

J'ai tous ces documents dans les mains, et je m'empresse-
rais, au besoin, de les mettre à votre disposition.

Veuillez agréer, etc., etc.

Signé : A. DESCOMBES,

Ancien employé supérieur du service colonial.

Le 22 novembre 1861, à l'occasion de la même
production, j'adressai à un haut personnage la lettre
qui suit :

Paris, le 22 novembre 1861.

Monsieur,

Le 17 avril 1856, vous m'avez donné communication de la copie d'une lettre exhumée, après trente années, des archives de la correspondance coloniale; cette lettre, datée de 1826, contenait des appréciations de nature à attaquer la moralité de mes actes pendant les derniers mois de l'exercice de mes fonctions; c'était en novembre 1826.

M. le commandant pour le roi, à l'île Bourbon, m'avait fait l'application d'une mesure de réduction dans les fonctions supérieures dont j'étais chargé, et cela en opposition formelle avec les prescriptions ministérielles. J'avais aussitôt réclamé auprès du ministre contre cette mesure, *ce que prouve la dépêche du directeur du 26 août 1826, n° 865*. M. le gouverneur, pour se justifier, avait dû chercher à motiver la décision qu'il avait cru pouvoir prendre impunément à mon égard. C'est là toute l'explication qu'il est possible de donner à la lettre qui m'était communiquée.

J'avais, heureusement sous la main le dossier des actes authentiques qui réduisaient à néant les allégations que me révélait la lettre mise sous mes yeux. Je vous répondis donc *immédiatement* en joignant à ma lettre les actes justificatifs de cette réponse.

Mais je viens de recevoir deux documents qui émanent de fonctionnaires dont le témoignage pouvait seul corroborer les preuves déjà produites et démontrer irrévocablement, une fois de plus, combien fausses et arrangées pour le besoin de sa cause ont été les allégations de feu M. le commandant pour le roi.

Ces deux pièces sont courtes, monsieur, elles sont destinées à être, aux archives coloniales, l'antidote de la lettre de l'ex-commandant ; j'en joins ici des copies certifiées ; et, si vous daignez en prendre connaissance, vous serez pleinement édifié sur le mérite et la portée de cette lettre, écrite il y a trente-cinq ans.

Je suis, etc.

Signé : A. DESCOMBES.

Voici ces deux pièces :

Je, soussigné, commissaire adjoint de la marine, en retraite, à l'île de la Réunion, certifie qu'en 1826 et 1827, ayant été chargé spécialement, comme commis de marine attaché au contrôle colonial, d'établir le compte général de gestion de M. Descombes, receveur principal des contributions directes à Saint-Denis (Réunion), j'ai constaté :

1° Que ses registres de comptabilité étaient tenus de la manière la plus satisfaisante ;

2° Que, par suite, la reddition de ses comptes a été faite promptement et avec une très-grande exactitude ;

Et 3° que ce sont ces deux conditions qui m'ont permis d'établir facilement le compte de gestion dont il s'agit, qui présentait en faveur de M. Descombes une balance de cinq à sept cents francs, que l'administration locale reste encore lui devoir, ce qui peut être vérifié en temps et lieu.

En foi de quoi le présent certificat a été délivré pour servir et valoir ce que de droit.

Saint-Denis (Réunion), le 2 octobre 1861.

Signé : FOULON.

Vu pour la légalisation de la signature de M. Foulon, commissaire adjoint de la marine, en retraite, domicilié à Saint-Denis.

Le maire,

Signé : GIBERT-DESMOLIÈRES.

Vu pour la légalisation de la signature de M. Gibert-Desmolières, maire de la commune de Saint-Denis.

Le directeur de l'intérieur,

Signé : DE LAGRANGE.

Vu pour la légalisation de la signature de M. de Lagrange, directeur de l'intérieur à Saint-Denis.

Le Gouverneur.

Par délégation :

Le chef du secrétariat,

Signé : AMOUROUX.

Le soussigné déclare, qu'ayant exercé les fonctions de *receveur communal à Saint-Paul, pendant tout le temps que* M. *Descombes exerçait celles de receveur principal des contributions directes,* il doit attester que ce fonctionnaire a réglé *régulièrement* le dixième des droits de patentes qui incombait à la commune de Saint-Paul.

S'il a été présenté des allégations contraires, elles sont sans fondement. La vérité fait un devoir au soussigné de rendre à M. Descombes, ancien receveur principal des contributions directes, la justice de déclarer que, dans aucune circonstance, tant dans l'intérêt du service que dans les rapports qui ont existé entre nous, le soussigné n'a eu à constater autre chose que tout ce qui laisse les plus honorables souvenirs de cet ancien fonctionnaire, qui a toujours été digne et bienveillant dans l'exercice de ses fonctions.

Saint-Denis (Réunion), le 2 octobre 1861.

> *Signé :* DESCHAMPS,
> *Receveur principal.*

Vu pour la légalisation de la signature de M. Deschamps, receveur de l'enregistrement à Saint-Denis.

> *Le directeur des domaines,*
> *Signé :* ECHERNIER.

Vu pour la légalisation de la signature de M. Echernier, directeur des domaines.

> *Le directeur de l'intérieur,*
> *Signé :* DE LAGRANGE.

Vu pour la légalisation de la signature de M. Lagrange, directeur de l'intérieur à Saint-Denis.

> *Le Gouverneur,*
> Par délégation :
> *Le chef du secrétariat,*
> *Signé :* AMOUROUX.

Pour copies certifiées conformes aux originaux dans mes mains.

> *Signé :* A. DESCOMBES.

Cette attestation de M. Deschamps, receveur particulier et receveur municipal *à Saint-Paul pendant tout le temps de la gestion du receveur principal*, et aujourd'hui receveur principal lui-même à Saint-Denis, n'est produite que parce que l'ex-commandant, dans sa lettre surannée de trente-huit années de date aujourd'hui, m'a attribué d'avoir effectué *tardivement* à la commune de Saint-Paul, dont M. Deschamps était alors receveur, le versement du dixième des droits de patente revenant à cette commune (vingt ou vingt-cinq francs environ !!!.....)

Cette déclaration du receveur alors de la commune de Saint-Paul, aujourd'hui receveur principal au chef-lieu de la colonie, fait justice de la pitoyable allégation de l'ex-commandant. On voit donc le mérite de cette lettre, lancée dans l'ombre, de cinq mille lieues, pour justifier l'acte dont on n'avait pas craint de frapper, excité à le faire par le directeur Houpiart qui y avait un intérêt personnel, un fonctionnaire qui n'avait d'autre tort que d'être resté digne et énergique en face de tracasseries dont le fatiguait ce directeur Houpiart, et qui n'a laissé dans la colonie que les meilleurs et les plus honorables souvenirs, ainsi qu'il est facile d'en juger par les extraits suivants du *Moniteur de la Réunion*.

Moniteur de la Réunion du 5 août 1863.

« Parmi les sous-officiers du corps expéditionnaire du Mexique qui se sont distingués au siége mémorable de Puebla, nous voyons avec plaisir figurer M. Descombes (Melchior-Achille), sergent-major au 18ᵉ bataillon de chasseurs à pied, qui a mérité une mention toute particulière du général Forey dans son rapport à l'Empereur, et qui a été décoré sur le champ de bataille.

« Le nom de M. Descombes ne nous est pas étranger. Son père, aujourd'hui trésorier du Sénat, a occupé autrefois des fonctions publiques dans notre colonie, où il a laissé les meilleurs souvenirs. La nouvelle de la flatteuse distinction que son fils vient d'obtenir réjouira ses anciens amis de la Réunion qui ne l'ont pas oublié. »

Moniteur de la Réunion du 31 août 1864.

« Nous reproduisons avec plaisir l'extrait suivant de la *France*, mentionnant un nouvel acte de courage accompli au Mexique par le sous-officier légionnaire Achille Descombes, qui a mérité l'honneur d'être mis à l'ordre du jour de l'armée.

« Ce n'est pas la première fois que nous avons à enregistrer les exploits de ce jeune militaire. Aussi sommes-nous heureux de retrouver l'occasion d'entretenir des actions méritoires de sa carrière cette colonie, *où son père a laissé les plus honorables souvenirs. Puissent les lointaines sympathies*, etc.

« *Signé :* Thomy Lahuppe. »

Imprimé par Charles Noblet, rue Soufflot, 18.

www.ingramcontent.com/pod-product-compliance
Lightning Source LLC
Chambersburg PA
CBHW051638060726
47597CB00004B/1625